Anicet
Mini-Pic
Papa-Cochon
et Maman-Cochon
Papi-Loup et Mamie-Loup
ECOLE
L'école
Mouche
La souris

GUYLAINE & CHRISTOPHE MOI
ont conçu et réalisé la maquette de couverture et d'intérieur

GHYSLAINE VAYSSET a illustré le chapitre 2 : *Billy, l'ami du Grand Livre* pp. 23-31
CLAIRE GANDINI a illustré le chapitre 3 : *Les bêtises de Kikou* pp.41-49
CHRISTIAN KINGUE EPANYA a illustré le chapitre 4 : *La peur de Yao* pp. 59-67
BRUNO GIBERT a illustré le chapitre 5 : *À cheval, Django !* pp. 77-85

EMMANUELLE HOUDART a illustré *Un jeu cruel* pp. 20-21
CHRYSTEL PROUPUECH a illustré *Le Soleil et la Lune* pp. 38-39
MÉLANIE COMBES a illustré *Une belle bêtise* pp. 56-57
VALÉRIE GIBERT et PHILIPPE SEDLETZKI ont illustré *Le diable et le paysan* pp. 74-75
DAVID B. a illustré *La clef de la sagesse* pp. 92-95

VALÉRIE DECUGIS a illustré les pages *Documents* (pp. 16-17, 34-35, 70-71, 90-91)
AXEL MAJA a illustré les pages *Théâtre* (pp. 18, 36, 54, 72, 90)

SG CRÉATION a conçu la cursive

Méthode de lecture • Livret 2 **CP** Cycle 2 Niveau 2

J'apprends à lire

avec Mini-Loup

Chantal Mettoudi
Alain Yaïche
Pascale Tempez

illustré par
Philippe Matter

HACHETTE Éducation

Pourquoi apprendre à lire ?

Pour lire
des histoires.

Pour écrire
à mes amis
et à ma famille.

Pour trouver
mon chemin.

Pour faire
les courses.

Pour apprendre
à bien choisir
un jouet.

Pour jouer
avec mes amis.

Pour connaître la
vie des animaux,
l'histoire
des Indiens, etc.

Pour comprendre
les messages de
maman et papa.

Pour savoir utiliser
un appareil.

«Et toi, pourquoi veux-tu apprendre à lire ? »

www.hachette-education.com
ISBN : 2.01.11.6148.7

Je découvre mon livre

- Trouve la page où l'on raconte l'histoire de Victor. . . . .

- Sur quelle page vois-tu Kikou dans une cuisine ? . . . .

- Retrouve la page où tu peux lire des règles de vie à l'école. . . . .

- Sur quelle page vois-tu quatre monstres ? . . . .

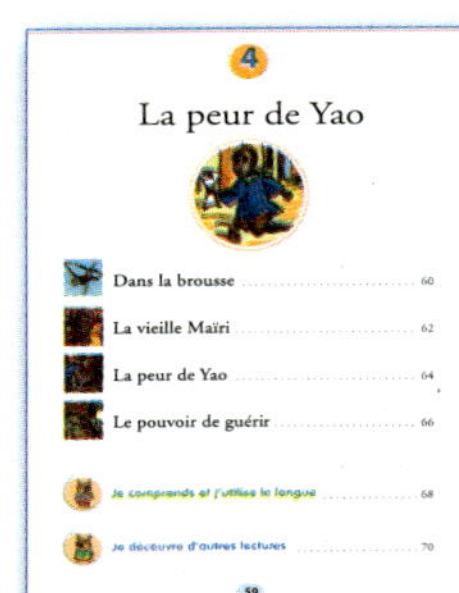

- Retrouve la page « sommaire » des aventures de Yao. . . . .

- Quelle est la page où on joue à trouver un « bidule » ? . . . .

1

La chasse au trésor

Une super idée

Parfois, après l'école, tous les amis jouent chez Mini-Loup. Aujourd'hui, ils ont fait du vélo et du roller. Mais voilà, maintenant, ils n'ont plus d'idées.

« Si on organisait une chasse au trésor ? dit Muche.

– C'est une super idée ! » crie Mini-Loup.

Vite, il va dans le grenier et retire de l'armoire une grande boîte noire. Il y met des bonbons.

« Ce sera le trésor ! » dit-il, tout content.

Du texte…

Je lis et je vérifie : vrai ? faux ?

– Mini-Loup et ses amis ont beaucoup joué, mais ils n'ont plus d'idées. Muche propose alors de raconter une histoire.

– Mini-Loup propose d'organiser une chasse au trésor. Il met des bonbons dans une grande boîte noire.

Je donne mon avis

– Est-ce que la boîte noire est un vrai trésor ?

– Quelle est la règle du jeu ?

…aux mots

Je relis

la chasse au trésor	il met	la boîte noire	aujourd'hui
une armoire	il organisait		chez
la boîte de bonbons	il retire		maintenant
le grenier	ce sera		parfois
des idées			

J'observe et je lis

la voiture	le roi	l'étoile	la Loire
l'oiseau	la noix	la poire	une oie
la foire	boire	un devoir	le toit

une histoire — un coin

oi

oi

la boîte noire

Je raconte ce que je fais après l'école.

À nous les bonbons !

Pendant que Muche, Mini-Pic, Anicet et Doudou sont tournés, Mini-Loup cache la boîte sur l'armoire.

« À vous de jouer ! C'est parti ! » dit Mini-Loup.

Mini-Pic cherche sous le lit : pas de chance ! Muche regarde sous l'armoire et Doudou dans les tiroirs : pas de chance ! Anicet, lui, debout sur une chaise, fouille au-dessus de l'armoire.

« Je l'ai touchée ! Je l'ai touchée ! crie-t-il. À nous les bonbons ! »

Mais tout à coup… BOUM ! BAM ! POUM ! Une grande boîte tombe sur sa tête.

« Mais ce n'est pas notre boîte ! » s'exclame Anicet.

Du texte…

Je lis et je vérifie : vrai ? faux ?

– Mini-Pic cherche sous l'armoire, mais il n'a pas de chance.
– Doudou regarde dans tous les tiroirs, mais il ne trouve pas.
– Anicet a de la chance. Il a trouvé le bon trésor.
– Anicet a trouvé une boîte, mais ce n'est pas le trésor.

Je donne mon avis

– Anicet est-il content ?
– Que va trouver Anicet dans la grande boîte ?

…aux mots

Je relis

la chaise	il cache	il l'a touchée	pendant que
pas de chance	elle cherche	ils sont tournés	au-dessus de
tout à coup	il s'exclame		
des tiroirs	il fouille		

J'observe et je lis

un chapeau   le château   du charabia   le chameau   une cheminée
du chocolat   la machine   un chou   une chaussure
chiche !   un parachute   chérie   une mouche   la biche

chut !   la chorale

Je raconte mon jeu préféré.

ch
ch

la **chaise**

Un autre trésor

Les cinq amis se regardent étonnés : cette boîte est grise alors que la boîte du trésor était noire. Que s'est-il passé ?
« Alors, on ne va pas se régaler ! Où sont nos bonbons ? » râle Anicet chagriné.
Mini-Loup ouvre la boîte et les cinq amis découvrent deux petits gants gris, une poupée, des gommes et… un sac de billes.
« Voilà un autre trésor ! s'exclame Muche. À qui est-il ? »
Soudain, la mère de Mini-Loup arrive.
« Mais que se passe-t-il ici ? »

Du texte…

Je lis et je vérifie : vrai ? faux ?

– Les deux boîtes étaient en haut de l'armoire.

– Dans la grande boîte, il y a une surprise.

– Dans cette boîte, on trouve des gants, une poupée et un sac de fille.

– C'est Muche qui dit que c'est un vrai trésor.

Je donne mon avis

– À qui est la grande boîte grise ?

– Que va faire la mère de Mini-Loup ?

…aux mots

Je relis

des billes	ils découvrent	il est chagriné	ici
des gants	il râle	ils sont étonnés	deux
des gommes	se régaler	un autre trésor	cinq
un sac	ils regardent	une boîte grise	soudain
la mère			

J'observe et je lis

la gare   un gobelet   le guidon   la grippe   une guêpe   un gâteau

un gong   la guimauve   la grappe   il est guéri   la galipette   le goulot

la Guadeloupe   la guitare   une gaffe

une gourde   une grimace   une goutte   le Togo

la gomme   la girafe

ga go gu gue gui

G g g

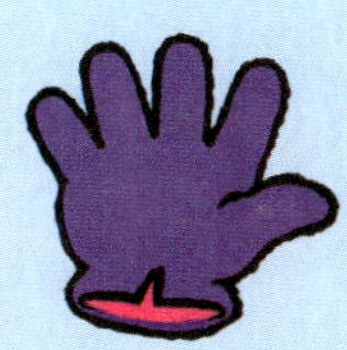

un gant

Je raconte ce que je mets dans ma boîte à trésors.

Les trésors de maman

– Maman, ne te mets pas en colère. On ne fait pas de mal, on joue ! Regarde ce qu'on a trouvé !

La mère de Mini-Loup reconnaît alors la boîte grise et sourit.

– C'est ma boîte à trésors de petite fille.

– Tu jouais aux billes ? s'exclame Mini-Loup.

– Mais oui, j'ai longtemps joué avec mes amis, et j'étais même très forte !

– Oh ! maman, montre-nous ! Allons dans le salon !

– Et pourquoi pas dehors ? répond maman.

– C'est parti ! À nous de jouer ! dit Mini-Loup.

– Et les bonbons, alors ? murmure une voix gourmande.

Du texte…

Je lis et je vérifie : vrai ? faux ?

– C'est une boîte à trésors de petite bille.
– C'est la boîte à trésors de la petite fille.
– Mini-Loup va jouer aux billes dehors.
– Mini-Loup va jouer aux billes sur le balcon.

Je donne mon avis

– Mini-Loup est-il étonné que sa maman joue aux billes ?
– Qui murmure d'une voix gourmande ?

…aux mots

Je relis

le salon
la voix

allons
elle sourit
montre-nous !
elle reconnaît
murmure une voix

elle est gourmande

longtemps
dehors
aux

J'observe et je lis

le pont   la ronde   le ballon   un caneton   des poissons   marron
le potiron   le napperon   le camion   elle monte
une pompe   rompre   le compas   le combat
la compote   la tombola   elle tombe   combien

le pompon   une bonne pomme

un bonbon
on   om
on   om
une bombe

Je raconte les jeux préférés de ma mère ou de mon père quand ils étaient petits.

Je comprends et j'utilise la langue

Si tu as de la chance, **alors** tu trouveras le trésor.
Si tu tombes, **alors** tu auras une bosse.
Si tu connais les règles, **alors** tu pourras jouer.

Je ne regarde pas **pendant** que tu te caches.
Il dessine **pendant** que je lis.
Je joue seul **pendant** que maman est occupée.

C'est un **jeu** d'enfant.

Souffler n'est pas **jouer**.

Jouer sans tricher.

Une **montre**

Je **montre**.

il cache
cacher
une cachette
gourmand
gourmande
gourmandise

a allons, l'armoire, au-dessus de, aujourd'hui, autre, aux

b les billes, la boîte, les bonbons

c il cache, chagriné, la chaise, la chance, la chasse, il cherche, chez, cinq, un coup

d ils découvrent, dehors, dessus, deux

e il s'exclame, étonnés

f il fouille

g des gants, des gommes, gourmande, le grenier, grise

i ici, des idées

l longtemps

m maintenant, il met, la mère, elle murmure, montre-nous

n noire

o il organisait

p parfois, pendant que

r il râle, elle reconnaît, se régaler, ils regardent, il retire

s un sac, le salon, ce sera, soudain, elle sourit

t des tiroirs, touchée, tournés, un trésor

v la voix

LE DAHUT

(2 à 10 joueurs)

But du jeu : Dessiner le dahut

Matériel : 3 dés  1 feuille chacun 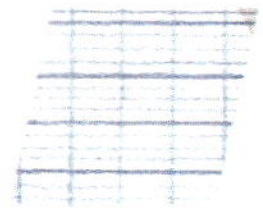 1 crayon chacun 

Pour jouer :

Lance les trois dés.

Si le total est égal à 3, 7, 8, 9 ou 15, tu peux dessiner une partie du dahut.

Sinon, tu as encore une chance et tu peux relancer 1, 2 ou 3 dés.

Si tu n'as pas réussi, passe les dés à un autre joueur.

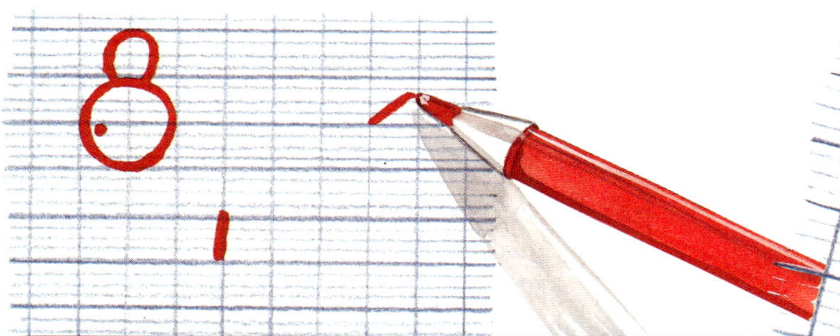

Si tu as un total de **3**, alors dessine une patte.
Si tu as un total de **7**, alors dessine l'oreille.
Si tu as un total de **8**, alors dessine la queue.
Si tu as un total de **9**, alors dessine le museau.
Si tu as un total de **15**, alors dessine le corps.

Celui qui arrive à dessiner entièrement le dahut a gagné !

Jeux d'ombres

La chèvre n'a pas écouté M. Seguin. Elle gambade partout. Elle est si contente d'être libre ! Mais à la nuit tombée, le loup va la dévorer.

D'après *La chèvre de M. Seguin* (A. Daudet)

Le lièvre court très vite, mais il adore jouer en route. La tortue passe à petits pas, mais c'est elle qui arrivera la première.

D'après *Le lièvre et la tortue* (Jean de La Fontaine)

Le petit canard est très triste, car on ne l'aime pas. On dit qu'il est laid. Mais quand il sera grand, il deviendra le plus beau.

D'après *Le vilain petit canard* (Andersen)

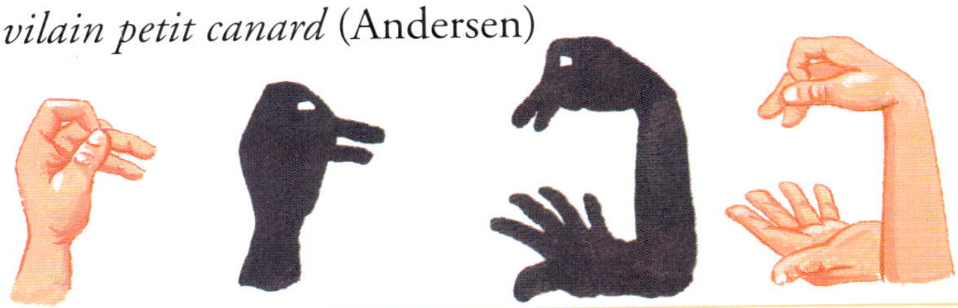

À ton tour, cherche d'autres histoires et joue avec les ombres.

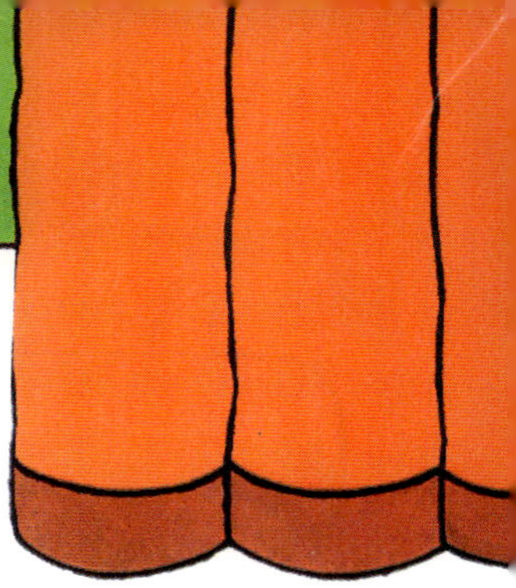

CHUCHOTER

Monsieur Michau téléphone
chez Monsieur Dupont :

– Allô, Monsieur Dupont ?

Une petite voix,
celle de Léa qui a six ans, lui répond.
Elle chuchote :

– Non, c'est Léa.

– Ton papa est là ?

– Oui, mais il est occupé.

– Et ta maman, elle est là ?

– Oui, elle est là, mais elle est occupée.

– Ah bon ! Et ta sœur, est-elle là ?

– Oui, mais elle est occupée, elle aussi.

– Ah ! Ah !… Et qui d'autre est chez toi ?

– Les pompiers.

Monsieur Michau n'est pas du tout rassuré :

– Écoute, je veux parler à un pompier.

– Non, ce n'est pas possible, ils sont tous occupés.

Monsieur Michau crie alors :

– Mais que font toutes ces personnes
qui sont si occupées ?

Toujours en chuchotant, Léa répond :

– Elles me cherchent.

C'est l'heure de dormir

Que peut-on faire quand on ne veut pas dormir ?
Nounours et Sophie, la poupée, auront peut-être une idée…

Auteur : Mireille D'Allancé *Illustratrice :* Mireille D'Allancé *Éditeur :* L'École des loisirs

Max n'aime pas perdre

Quand Max perd, il pense qu'il est nul.
Mais quand on joue, est-ce toujours pour gagner ?

Auteur : Dominique de Saint-Mars
Illustrateur : Serge Bloch
Éditeur : Calligram («Ainsi va la vie»)

Main !

Le football, cela se joue avec les pieds.
Peut-on y jouer avec les mains ?

Auteur : Mario Mariotti
Illustrateur : Mario Mariotti
Éditeur : Circonflexe

Un jeu cruel

Clémentine et ses amis se promènent dans la forêt. Ils ont repéré une petite cabane délabrée où ils ont pris l'habitude de se retrouver pour jouer, se raconter de belles histoires, rêver à ce qu'ils feront quand ils seront grands. Aujourd'hui, après avoir pénétré dans leur cabane, ils constatent avec surprise que la porte s'est refermée très vite derrière eux. Ils se regardent étonnés.

Soudain, un énorme ogre se jette sur eux : « Ha ! Ha ! Ha ! Voilà des petits poussins pour mon dîner. Allez hop ! À la cave ! » s'écrie-t-il en poussant tout le monde dans le vide. Puis il ajoute d'une voix caverneuse : « Dès que le soleil se couchera, je viendrai vous chercher et, puisque vous aimez jouer, vous jouerez à un jeu de mon invention. Vous tirerez au sort l'un des deux messages que je vous présenterai. Sur l'un, sera marqué le mot "**LIBERTÉ**" ; si vous tombez dessus, vous serez libres, Grosmenton n'a qu'une parole ! Mais si vous choisissez l'autre

message, celui sur lequel sera écrit le mot "**DÎNER**", je vous dévorerai tout crus, l'un après l'autre. Miam ! Miam ! Miam ! »

Clémentine et ses amis se regardent, épouvantés :

« Cet ogre, avec son jeu cruel, va nous dévorer !

– Il est très malin. Pour nous dévorer, il va écrire "**DÎNER**" sur les deux papiers, tu verras. C'est fini, nous sommes bel et bien perdus. On aurait dû rester loin de cette maudite cabane ! »

Clémentine réfléchit un instant, puis s'écrie :

« Ne pleurez pas ! J'ai trouvé ! À malin, malin et demi. Comptez sur moi ! »

Dès que le soleil commence à décliner, la porte de la cave s'ouvre et Grosmenton, de sa terrible voix, annonce : « Ça y est ! Mon jeu peut commencer ! Qui va choisir le message ?

– C'est moi, répond Clémentine avec assurance.

– Choisis bien, ma grande ! Mon dîner dépend de toi. Miam ! Miam ! Miam ! »

Clémentine choisit alors tranquillement l'un des deux papiers, puis très vite elle le déchire et l'avale.

« Qu'as-tu fait ? hurle Grosmenton. Comment savoir ce qui était écrit dessus ?

– C'est très simple, répond Clémentine. Lis celui que tu as dans ta main… N'est-il pas écrit dessus "**DÎNER**" ? Et bien, sur celui que j'avais choisi était donc marqué "**LIBERTÉ**" !

– Tu es une rusée petite fouine, Clémentine, et tes amis ont bien de la chance. Je suis obligé de vous libérer car, si je ne tenais pas parole, je serais chassé du royaume des ogres. Allez, sauvez-vous ! » grogna l'ogre, dépité et affamé.

Clémentine et ses amis ne sont jamais rentrés aussi vite à la maison. Depuis ce jour, ils ne vont plus dans cette forêt et préfèrent jouer dans la cabane que le père de Clémentine a construite tout au fond du jardin. C'est plus sûr…

Comptines et poèmes

Qui veut jouer à la marelle ?
Les plus belles !
Qui veut jouer à la délo ?
Les plus beaux !
Qui veut jouer aux devinettes ?
Les plus bêtes !

Jacques Charpentreau,
Mon premier livre de comptines,
Hachette Jeunesse.

Au musée du Louvre

La nuit un gardien se réveille en sursaut, il a entendu du bruit.
Mais il murmure en souriant :
« Ce n'est rien, le fou rire de la Joconde, ça la prend de temps en temps. »
Et il se rendort tout content.

Jacques Prévert,
Jacques Prévert, un poète, Folio Junior,
Gallimard Jeunesse.

Du côté des artistes

Du côté des artistes

Football,
Niki de Saint-Phalle.

2

Billy, l'ami du Grand Livre

Le jeu de Billy

Billy est devant son écran d'ordinateur. Là, un énorme dragon se promène dans un grand château. Billy adore ce jeu. Soudain, il se sent attiré par l'écran… Que se passe-t-il ?

Il crie très fort, mais personne ne l'entend. En un instant, le voici dans une des salles du château. Devant lui, se trouve un coffre.

Billy pense qu'il rêve, mais non !

Il fait bien partie du jeu maintenant !

Du texte…

Je lis et je vérifie : vrai ? faux ?

– Billy est un énorme dragon qui joue dans un château.
– Le jeu de Billy se passe dans un grand chameau.
– Dans le château, Billy croit qu'il rêve.
– Dans le coffre, Billy entend crier un dragon.

Je donne mon avis

– Qu'y a-t-il dans le coffre ?
– Que va-t-il se passer maintenant ?

…aux mots

Je relis

l'écran
un instant
les salles
personne
le coffre

l'ordinateur
le château
le jeu

il pense
il est attiré

devant

J'observe et je lis

le pantalon   le banc   il danse   un enfant   les parents   un éléphant
le fantôme   des gants   un brigand   il est méchant   blanc   content
le champion   une ampoule   une lampe
un tambour   le temps   un empire   il m'embête

le ranch
il m'entend

un animal
ils jouent

le ruban
an   en
an   en
entendre

Je suis seul dans un grand château.
Je raconte ce qui m'arrive.

Cheval Fou

Billy s'approche du coffre et y trouve un grand livre qu'il ouvre. Billy l'admire car, sur la page du livre, le village indien paraît si vrai ! Soudain, Cheval Fou sort du livre et s'adresse à lui :

« Salut à toi, ô Ami du Grand Livre ! »

Tout étonné, Billy découvre avec Cheval Fou l'histoire des Indiens qui partent à la chasse pendant fort longtemps. Mais, l'Indien lui sourit et lui dit :

« Repars, Ami du Grand Livre, tourne la page ! »

Chagriné, Billy tourne la page et le voilà maintenant devant un homme tout de bleu vêtu…

Du texte…

Je lis et je vérifie : vrai ? faux ?

– Billy trouve un grand livre avec de beaux dessins qu'il admire. Il voit un village indien qui paraît très vrai.
– Cheval Fou sort du Grand Livre et lui fait découvrir l'histoire des Indiens. Puis il demande à Billy de venir chasser avec lui.
– Cheval Fou est un Indien qui part à la chasse très longtemps.

Je donne mon avis

– Pourquoi Billy est-il chagriné ?
– Qui est l'homme bleu ?
– Que va-t-il lui montrer ?

…aux mots

Je relis

le cheval	le livre	il admire	il est vêtu	salut !
un homme	le village	il paraît	l'homme bleu	
un Indien	la page	tourne		

J'observe et je lis

un drap   la préhistoire   grave   la cravate
un ordre   prudent   la grappe   la croûte
reprendre   promis   le groupe   le brouhaha
un droit   le préau   maigre   libre   le premier
la trompe   brave   une trousse   un arbre
une écriture   elle est prête

br — br
cr — cr
dr — dr

un drapeau

Je raconte ce que je sais de l'histoire et de la vie des Indiens.

L'homme bleu

« Salut à toi, ô Ami du Grand Livre ! » dit l'homme bleu. Avec lui, Billy fait une promenade sur le dos d'un dromadaire, mais ça lui paraît bien long ! Puis il dévore à pleines dents des dattes bien sucrées. À peine a-t-il fini, que l'homme bleu s'exclame : « Repars, Ami du Grand Livre. Tourne la page ! » Billy découvre alors d'autres pays extraordinaires et, bientôt, il arrive à la dernière page du livre…

Du texte…

Je lis et je vérifie : vrai ? faux ?

– Billy se promène sur le dos du dromadaire avec l'homme bleu.
– Billy trouve la promenade à cheval bien trop longue.
– Billy dévore des poires, mais il a mal aux dents.
– Billy découvre des pays différents, puis il arrive à la dernière page.

Je donne mon avis

– Pourquoi Billy trouve-t-il la promenade bien longue ?
– Que va-t-il se passer à la dernière page du livre ?
– Billy restera-t-il dans l'ordinateur ?

…aux mots

Je relis

des dattes	une promenade	des pays extraordinaires	bientôt
le dos	la dernière page	c'est long	à peine
un dromadaire		à pleines dents	
un pays		des dattes sucrées	

J'observe et je lis

la reine   la laine   la craie   la Seine   de la peine
faire   des affaires   l'air   le capitaine   de l'aide
l'aile   aimer   la tour Eiffel   laid   la chaîne   vrai

le palais
la baleine

soudain
le peintre

la mairie

ai   ei
ai   ei

la reine

Je raconte ce que j'ai vu dans un pays que j'aime.

La dernière page

Sur la dernière page du Grand Livre, Billy reconnaît alors sa chambre : voici la photo du bébé chimpanzé prise lors d'une promenade au zoo ; voilà sa chaise de bureau, son ordinateur et la lampe posée près de son lit. Il comprend qu'il est temps de retourner chez lui et de raconter toutes ces histoires à ses amis.
Il tourne la dernière page et, aussitôt, le voilà sur son lit, le Grand Livre près de lui.
Maintenant, avec ce trésor, Billy pourra retrouver et visiter ces pays extraordinaires, et rêver, rêver, rêver…

Du texte…

Je lis et je vérifie : vrai ? faux ?

– C'est l'histoire d'un enfant qui entre dans un jeu vidéo et découvre des pays extraordinaires qu'il visite.

– C'est l'histoire de Billy à qui un dragon fait découvrir un livre extraordinaire. Il va visiter différents pays puis retourne chez lui.

Je donne mon avis

– Billy a-t-il rêvé ?

– Quels pays peut-il rêver de visiter ?

…aux mots

Je relis

un bébé	la lampe	il comprend	la lampe posée
son bureau	il est temps	retrouver	la photo prise
un chimpanzé	le zoo	visiter	
sa chambre		retourner	

J'observe et je lis

Le zèbre le zébu le lézard un zéro la zizanie bizarre un zigzag
treize seize l'Amazone l'ozone amuser raser
poser des roseaux des oiseaux le désordre
le président un arrosoir une cerise la voisine

le trésor Zorro

une histoire un nez

une rose

S s s

Z z z

le zoo

Je connais un livre qui me fait rêver. Je dis pourquoi je l'aime.

Je comprends et j'utilise la langue

Billy est heureux.
Le petit garçon est heureux.
Le jeune enfant est heureux.
Il est heureux.

Tu as les joues rouges **parce que** tu as pleuré.
Tu as les joues rouges **car** tu as pleuré.

Rouge comme une écrevisse.

Rouge comme une pivoine.

Rouge comme une tomate.

Je me regarde dans une **glace**.

Je déguste une bonne **glace**.

a il admire, attiré

b un bébé, bientôt, bleu, son bureau

c la chambre, un château, le cheval, un chimpanzé, le coffre, il comprend

d des dattes, dernière, devant, le dos, un dromadaire

e l'écran, extraordinaires

h un homme

i un Indien, un instant

j le jeu

sucré
sucre
sucrer

l la lampe, le livre, long

o l'ordinateur

p la page, il paraît, un pays, à peine, il pense, personne, pleines, posée, prise, une promenade

r retourner, retrouver

s les salles, salut, sucrées

t le temps, tourne

v vêtu, le village, visiter

z le zoo

long
longueur
longuement

Tout le monde se dit bonjour !

Pour faire un bon taboulé

Simple

Pour 6 personnes Préparation : 15 min

Ingrédients : 250 grammes de semoule rapide, 1 citron
2 tomates, 1 concombre, 20 olives noires
10 brins de persil, 10 feuilles de menthe
1 petit verre d'huile d'olive, 1 petite cuillerée de sel

❖ **D**écouper les tomates en petits cubes.

❖ **É**plucher et découper le concombre.

❖ **D**écouper les olives.

❖ **H**acher le persil et la menthe.

❖ **P**resser le citron.

❖ **V**erser la semoule dans le bol. Verser un verre d'eau chaude sur la semoule. Laisser reposer.

❖ **M**élanger avec la fourchette en séparant les grains.

❖ **A**jouter le jus de citron, le sel et l'huile.

❖ **A**jouter les légumes. **L**aisser reposer.

Au bout de trois heures, servir… et déguster. Bon appétit !

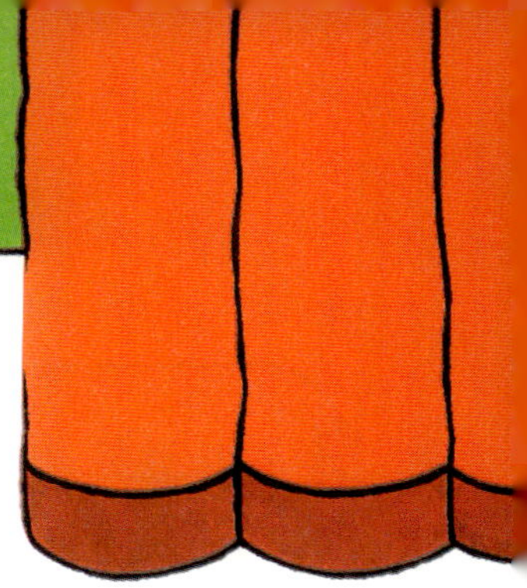

LE « BIDULE »

Ming et Marie adorent jouer aux devinettes.
Chacune doit trouver le mot auquel l'autre pense.

Ming : Mon « bidule » aime le froid.

Marie, *étonnée* : Oh ! Mon « bidule » aussi aime le froid !

Ming : Mon « bidule » porte souvent du marron !

Marie, *rassurée* : Ah ! Mon « bidule » porte plutôt du blanc !

Ming : Ah bon ? Alors ce n'est pas le même. Mon « bidule » sent le chocolat, le café ou encore le cola !

Marie : Mon « bidule », par contre, sent le poisson. Il est aussi armé d'un harpon !

Ming : Mon « bidule » vit sur son bâton !

Marie réfléchit un instant.

Marie : Bien ! Mettons-nous d'accord : mon « bidule » commence par un « e ».

Ming, *surprise* : Oh ! mais mon « bidule » aussi commence par un « e ».

Marie : Ah ! Mon « bidule » vit dans un igloo.

Ming, *surprise* : Oh ! Et mon « bidule » vit dans un réfrigérateur.

D'un seul coup, les deux amies, qui ont compris,
éclatent de rire et crient ensemble :

Hourrah ! J'ai trouvé, c'est un esquimau !

Nathalie : mon premier tour du monde
Nathalie rêve de voyager. Elle fait souvent des expériences et s'entraîne pour le grand jour. Son petit frère apprécie-t-il toujours son dynamisme ?

Auteur : Sergio Salma *Illustrateur :* Sergio Salma *Éditeur :* Casterman

Drôle d'histoire
Voilà un jeu qui te montre comment on a vécu, de la préhistoire jusqu'à nos jours. Tu veux jouer ?

Auteur : Puig Rosado *Illustrateur :* Puig Rosado *Éditeur :* Circonflexe

Un pays loin d'ici
Mahdi vit dans un village en Afrique.
François habite dans une ville en Europe.
Mais finalement, sont-ils si différents ?

Auteur : Nigel Gray
Illustrateur : Philippe Dupasquier
Éditeur : Gallimard (Folio Benjamin)

Le Soleil et la Lune

Il y a très longtemps, au pays des Indiens des Basses-Terres, tout était obscur : ni la lune, ni le soleil n'éclairaient le ciel. Tous les animaux étaient affamés car ils ne pouvaient ni chasser ni se nourrir. Un brave renard se lamentait sur son sort quand il entendit son ami, l'aigle royal, venu lui rendre visite.

« Hélas, mon ami, dit le renard, regarde dans quel état je suis. Je n'ai rien à me mettre sous la dent. Quelle chance tu as de voler ! Ah ! Si seulement il pouvait y avoir un peu de lumière sur terre, je pourrais chasser.»

Devant tant de misère, l'aigle se rappela ce que disaient les Anciens Sages : il existerait deux magnifiques astres que la tribu des Indiens des Hautes-Terres aurait volés et cachés dans des coffres, au-delà du fleuve et des Montagnes rouges. Il proposa alors au renard de l'y transporter. Bien accroché sur les serres de l'aigle, le renard s'émerveillait du paysage qui s'offrait à ses yeux. Sans bruit, ils atterrirent tout près du campement des Indiens des Hautes-Terres. L'aigle mit alors le renard en garde : « Il ne faudra pas ouvrir les coffres, mais les transporter seulement. Nous les ouvrirons après et nous verrons l'astre qui brille le plus. Ainsi, nous pourrons bénéficier de la lumière éternelle. C'est ce que disent les Anciens Sages. »

Le renard promit. Il regarda les Indiens des Hautes-Terres danser autour des coffres, boire puis s'endormir. Alors, il s'approcha du premier coffre qui étincelait de pierres précieuses.

Curieux, il ne put s'empêcher d'entrouvrir le coffre :
« Quel merveilleux astre ! Comme j'aimerais le voir mieux ! »
Le renard ouvrit plus grand le coffre et le soleil, heureux d'être enfin délivré, bondit dans le ciel.
« Qu'as-tu fait ? Mais qu'as-tu donc fait ? Regarde, nous ne pourrons plus le transporter dans le pays des Anciens Sages » s'écria l'aigle, furieux.
Tout penaud, le renard s'éloigna et se retrouva à proximité du second coffre. La tentation était grande. Comment serait l'autre astre ? Plus éclatant que le premier ?
Fou de curiosité, le renard souleva le couvercle du coffre :
« Quelle étincelante beauté ! Comme j'aimerais la voir mieux ! » dit le renard, oubliant sa première expérience. Il finit par ouvrir totalement le coffre, laissant ainsi s'échapper la lune qui bondit dans le ciel, derrière le soleil.
« Qu'as-tu fait, misérable renard ? Maintenant, nous n'aurons plus de clarté éternelle. La nuit et le jour se succèderont sans fin. »

Le renard avait honte, mais semblait tout de même content car, grâce à sa terrible curiosité, les Indiens des Hautes-Terres ne pourraient plus emprisonner les deux astres.
L'aigle salua son ami et disparut aussitôt. Le renard resta seul, tout à son plaisir de pouvoir enfin admirer la nature de ce beau pays indien.

Comptines et poèmes

Le dromadaire

Avec ses quatre dromadaires
Don Pedro d'Alfaroubeira
Courut le monde et l'admira.
Il fit ce que je voudrais faire
Si j'avais quatre dromadaires.

Guillaume Apollinaire,
Le Bestiaire, Gallimard.

Tu as la bouche en virgule
Le sourcil en alpaga
Le nez minuscule
Les joues en angora
Ton pareil tu le trouveras
Au nord au sud
Ou ad astra.

Andrée Chedid,
Textes pour un poème : 1949-1970,
Flammarion.

Du côté des artistes

Du côté des artistes

Pastorales tahitiennes,
Paul Gauguin.

3

Les bêtises de Kikou

Qui est Kikou ?

Roxane est assise toute seule dans son jardin. Tout à coup, elle entend un petit cri provenant du sapin. Intriguée, la petite fille s'approche et découvre un petit singe.

« Kricc ! Kricc ! » crie le petit singe qui grimpe sur la chaise de Roxane.

Elle qui rêvait depuis si longtemps d'un animal !

C'est tout trouvé, elle l'appellera Kikou.

Roxane joue alors avec son nouvel ami. C'est un animal très intelligent, au regard malin. Le soir, elle l'enferme dans son placard, car ses parents ne veulent pas d'un animal à la maison. Puis, elle descend dîner.

Du texte…

Je lis et je vérifie : vrai ? faux ?

– Kikou est un petit singe très malin qui pousse parfois de petits cris.
– Roxane a trouvé le petit singe Kikou dans le sapin. Il est très intelligent.
– Les parents de Roxane aiment avoir un singe à la maison.
– Roxane cache Kikou dans le placard, car elle a peur de ses parents.

Je donne mon avis

– Pourquoi Roxane rêvait-elle d'avoir un animal ?
– Pourquoi les parents de Roxane ne veulent-ils pas d'un animal ?

…aux mots

Je relis

le sapin	il grimpe	elle est assise	un nouvel ami
au placard	elle l'appellera	elle est intriguée	un singe intelligent
le singe du jardin	elle descend	ils ne veulent pas	il est malin
ses parents	Roxane l'enferme		

J'observe et je lis

le lapin   les pépins   le chagrin   le poussin
du raisin   le coussin   du vin   la timbale   le timbre
le pin   un orphelin   intéressant   un traversin
un dauphin   l'imbécile   impossible   vingt   important

un dessin   je dessine

le singe

in   im

in   im

un timbre

Je présente un livre qui raconte l'histoire d'un animal.

Quel spectacle !

Pendant le dîner, on entend un bruit sourd provenant de la chambre de Roxane. La petite fille, inquiète, quitte la table et se précipite vers sa chambre, et là…

Quel spectacle ! Kikou est assis parmi les bâtons de maquillage écrasés sur la moquette. Il est comique avec l'anorak et la casquette de Roxane. Quand elle veut l'attraper, il bondit en avant et s'enfuit.

Roxane abandonne et descend dans la salle à manger en espérant que le petit singe ne sera pas découvert.

Du texte…

Je lis et je vérifie : vrai ? faux ?

– Roxane entend du bruit venant de sa chambre. Elle est très inquiète.
– Dans sa chambre, elle voit un drôle de spectacle : Kikou porte un anorak et une raquette.
– Kikou s'enfuit, car il ne veut pas que Roxane l'attrape.
– Roxane n'arrive pas à attraper le petit chat tout maquillé.

Je donne mon avis

– Pourquoi Roxane est-elle inquiète ?
– Pourquoi Kikou ne veut-il pas que Roxane l'attrape ?

…aux mots

Je relis

un anorak	la table	elle veut	vers
la casquette	manger	il est comique	
quel spectacle !	Roxane se précipite	elle est inquiète	
du maquillage	elle quitte		

J'observe et je lis

le phoque la barque les quilles la raquette
un coq la marque il se moque la qualité
la quiche le quart quinze le Danemark
le rock du karaté un képi un kilo un koala
un tank le ketchup le ticket le bifteck

la casquette

Q K
q k
q k

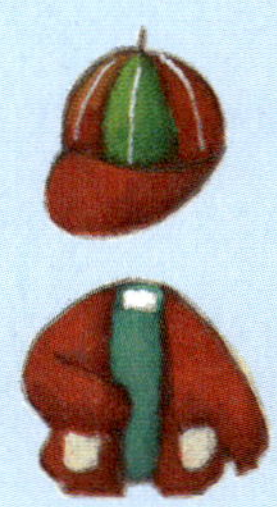

un anorak

Je raconte une petite bêtise que j'ai faite.

Kikou cuisine

Quelques minutes plus tard, on entend à nouveau d'étranges bruits provenant de la cuisine. Cette fois, le père de Roxane se lève juste en même temps que sa fille pour aller voir ce qui se passe.

Dans la cuisine, ils découvrent un désordre inimaginable : il y a des traces de mousse au chocolat sur le carrelage et le cageot de pommes du jardin est renversé. Tout est jeté à terre.

« C'est sûrement une bête enragée ! Si jamais je l'attrape, je l'assomme, crie le père de Roxane.

– Non papa ! Non, s'écrie Roxane. Ne lui fais pas de mal ! Il n'est pas méchant, c'est Kikou !

– Kikou ? s'étonne son papa. Mais qui est Kikou ? »

Du texte…

Je lis et je vérifie : vrai ? faux ?

– Le singe a fait des bêtises dans la cuisine. Il a mangé de la mousse au chocolat, puis il a croqué des pommes.

– Toute la cuisine est en désordre. Tout est sale. Le père de Roxane est content.

– Le père de Roxane est en colère quand il voit le désordre et la saleté de la cuisine.

Je donne mon avis

– Pourquoi le papa de Roxane veut-il assommer la bête ?

– Que va faire Roxane ?

…aux mots

Je relis

un cageot
le carrelage
des traces

aller
tout est jeté

la bête enragée
des traces étranges
c'est inimaginable

jamais
juste
quelques
sûrement

J'observe et je lis

jolie jeudi jaloux jurer ajouter un jeton
un jumeau Jupiter un projet le déjeuner
un juge un javelot sage une orange une image
la neige c'est dangereux un pigeon la magie
le plongeoir en nageant une girafe la cage

la page la gare

Je raconte une histoire où un animal fait des bêtises.

Au revoir Kikou

Roxane a peur, mais elle avoue tout. Kikou, niché sur une étagère, les regarde avec des yeux taquins. Mais le père de Roxane n'a pas le cœur à rire. Il lui raconte alors que, depuis le matin, un jeune garçon, l'air malheureux, est à la recherche de son petit singe. Tous deux font partie d'une troupe de cirque.
Roxane comprend alors qu'elle doit rendre Kikou. Le cœur gros, elle le ramène toute seule à son maître qui l'invite au spectacle.
Le lendemain, avant de repartir, le garçon remercie sa jeune amie et lui offre un petit chat angora.
« Tu verras, lui dit-il, il fera autant de câlins que Kikou, mais un peu moins de bêtises que lui ! »

Du texte…

Je lis et je vérifie : vrai ? faux ?

– C'est l'histoire de Roxane qui a trouvé, dans le sapin, un chimpanzé. Il fait beaucoup de bêtises. Elle décide alors de donner l'animal à un petit garçon qui aime le cirque.

– C'est l'histoire d'une petite fille qui a trouvé un singe très malin. Elle le cache, mais il fait des bêtises. Elle décide alors de rendre l'animal à son maître.

Je donne mon avis

– Pourquoi le jeune garçon avait-il l'air malheureux ?

– Pourquoi Roxane est-elle triste ?

– Pourquoi le jeune garçon offre-t-il un animal à Roxane ?

…aux mots

Je relis

le cirque	un garçon	Il est jeune	moins
le cœur	ses yeux	le garçon est malheureux	
l'étagère	le lendemain	des yeux taquins	
		le cœur gros	

J'observe et je lis

le tracteur le directeur neuf du beurre

le docteur un ordinateur une heure

il veut bleu heureux il peut deux des yeux

des bœufs des œufs un chef d'œuvre la sœur

une fleur

eu œu

eu œu

un cœur

Je raconte un numéro de cirque.

Je comprends et j'utilise la langue

Ma mère	**Mon** père	**Mes** parents
Ta mère	**Ton** père	**Tes** parents
Sa mère	**Son** père	**Ses** parents

Kikou est petit **mais** il fait de grosses bêtises.

Roxane voudrait garder Kikou **mais** elle doit le rendre.

Arriver en même **temps**.

Venir de **temps** en **temps**.

Perdre son **temps**.

Il fait un **temps** de chien.

Il aime **tant** son chien !

a aller, un anorak,
elle appellera, assise

c un cageot, le carrelage,
la casquette, le cirque,
le cœur, comique

d elle descend

e elle enferme, enragée,
l'étagère, étranges

g un garçon, il grimpe, gros

i inimaginable, inquiète,
intelligent, intriguée

j jamais, le jardin, jeté,
jeune, juste

l le lendemain

un carreau
un carré
un carrelage

m malheureux, malin,
manger, du maquillage,
moins

n nouvel

p ses parents, au placard,
elle se précipite, provenant

q quelques, elle quitte

s le sapin, un singe,
quel spectacle !, sûrement

t la table, taquins,
des traces

v elle veut, vers, ils veulent

y ses yeux

heureux
bienheureux
malheureux

Mini-Loup bricole

Savez-vous planter les clous ? À la mode, à la mode.
Savez-vous planter les clous, à la mode de Mini-Loup ?

Anne-Laure Witschger,
Pourquoi je ne suis pas sage ?,
© Casterman

CINDY LA COQUINE

Papa rentre du travail, joyeux.
Cindy, tête basse, fait semblant de bouder.

Papa : Bonsoir, Cindy !

(Cindy, ne répond pas.)

Papa : Eh bien ! Tu en fais une tête !

(Cindy, ne répond toujours pas.)

Papa : Oh ! Toi, tu as fait une bêtise ? !

Cindy, *tête basse* **:** Oui !

Papa : Vas-y, raconte-moi ça !

Cindy : Eh bien, j'ai... j'ai mis de l'essence dans le lait du chat.

Papa, *hors de lui* **:** Quoi ! Dis-moi que ça n'est pas vrai ! ?

Cindy : Si !

Papa, *observant le chat dans le coin* : Et alors ?

Cindy : Eh bien, il a tout bu, puis il s'est mis à tourner, et pouf ! Plus rien !

Papa : Il... Il est... Il est mort ?...

Cindy, *toute contente, prenant son chat dans ses bras* **:**

Non ! Il est tombé en panne d'essence ! Ha ! Ha ! Ha ! Poisson d'avril !

(Papa éclate de rire !)

Puni-Cagibi !
Quand Simon fait des bêtises, il est puni et il va au cagibi. Mais est-ce aussi terrible ?

Auteur : Alain Serres
Illustrateur : Claude K. Dubois
Éditeur : L'École des loisirs

Les nouvelles farces de Zozo la tornade
Zozo a l'art des bêtises. Chaque bêtise est racontée dans un cahier.

Auteur : Astrid Lindgren
Illustratrice : Jacqueline Duhème
Éditeur : Hachette (Livre de poche Jeunesse)

Kwela, kwela, Jamela !
Jamela joue avec le tissu de sa maman. Mais que va-t-elle dire quand maman le verra sali et déchiré ?

Auteur : Niki Daly
Illustrateur : Niki Daly
Éditeur : Gautier-Languereau

Une belle bêtise

Victor sort de l'école et marche le cœur content. Il rêve déjà au cadeau qu'il attend depuis des mois : un fabuleux ballon de football. Tout à coup, là, au beau milieu de la route, une jolie petite balle toute blanche attire son regard. Sans réfléchir un seul instant, Victor prend son élan et tape dedans. Aussitôt, une grande douleur lui traverse le corps : ce n'était pas une balle, mais une pierre !

Victor lève alors les yeux. Quelle horreur ! La pierre se dirige tout droit vers l'étalage de Mamou, l'épicier. Victor aimerait bien la rattraper ou l'arrêter… trop tard ! La pierre heurte les pieds du présentoir de fruits et légumes. C'est une véritable catastrophe. Les pommes roulent sur le trottoir entraînant dans leur course oranges, poires, poireaux et pommes de terre.

Victor se précipite, le cœur cognant très fort dans la poitrine. Il ramasse comme il peut les fruits qui ne sont pas complètement écrabouillés. Mamou est furieux. Il regarde Victor qu'il connaît bien, car il vient tous les jours après l'école acheter des bonbons. Le garçon garde les yeux baissés, après avoir remis les fruits et les légumes indemnes sur l'étalage. Il s'agenouille à nouveau et rassemble les fruits un peu abîmés.

Mamou ne dit rien et laisse faire Victor. Sa colère se calme à mesure que le comportement du garçon l'intrigue. Petit à petit, un sourire illumine son visage rond quand il regarde son étalage : avec les fruits abîmés, Victor a composé un personnage très drôle. Quelle bonne idée !

Mamou propose alors à Victor : « Bon, j'oublie ta bêtise. Passons un contrat. Chaque jour après l'école, tu inventes un personnage avec les légumes et les fruits qui seront un peu abîmés. De toutes façons, je ne pourrais pas les vendre. » Victor est soulagé.

Quelques semaines plus tard, après avoir respecté son contrat et croqué de nombreuses pommes, prunes, dattes et bananes, Victor se présente à l'épicerie. Mamou lui montre alors sur l'étalage un paquet rond : « C'est pour toi, car je suis heureux. Tous les enfants de l'école viennent admirer tes personnages et acheter dans mon épicerie. »

Victor est surpris. Serait-ce une farce que lui fait Mamou : une citrouille enveloppée dans du papier cadeau ?

Un grand sourire aux lèvres, Victor ouvre le paquet : dans ses mains, il découvre un superbe ballon de cuir noir et blanc, juste celui dont il rêvait.

« Oh ! Merci, merci Mamou ! Désormais, je ne taperai plus que dans ce ballon et sur un vrai terrain de foot ! C'est promis. »

Comptines et poèmes

Si…

Si la sardine avait des ailes,
Si Gaston s'appelait Gisèle,
Si l'on pleurait lorsqu'on rit,
Si le pape habitait Paris,
Si l'on mourait avant de naître,
Si la porte était fenêtre,
Si l'agneau dévorait le loup,
Si les Normands parlaient zoulou,
Si la Mer Noire était la Manche,
Et la Mer Rouge la Mer Blanche,
Si le monde était à l'envers,
Je marcherais les pieds en l'air,
Le jour je garderais la chambre,
J'irais à la plage en décembre,
Deux et un ne feraient plus trois…
Quel ennui ce monde à l'endroit !

Jean-Luc Moreau, *L'Arbre perché,* Les Éditions de l'Atelier/Les Éditions Ouvrières.

Brigoler : éclater de rire en plantant un clou.

Alain Finkielkraut, *Le petit fictionnaire illustré,* Seuil.

Du côté des artistes

Du côté des artistes

Les garnements,
Jacques Borgé.

4

La peur de Yao

Dans la brousse

Yao est un garçon qui vit au Togo, en Afrique. Depuis longtemps, il rêve d'aller chasser en brousse, comme son père, mais il lui faut d'abord savoir dominer toutes ses peurs. Alors, Yao a décidé de s'entraîner.

Au début, dès qu'il entendait des bruits inquiétants, il serrait avec force la main de son père. Puis il a appris la façon de les reconnaître peu à peu.

Maintenant, Yao n'a plus peur des singes malicieux qui se balancent et crient dans les arbres. Il ne craint plus les bêtes féroces qui rugissent dans les prairies.

Et pourtant Yao a encore peur… mais de qui ?

Du texte…

Je lis et je vérifie : vrai ? faux ?

– Yao rêve de vivre au Togo et de chasser avec son père.
– Le petit garçon doit dominer sa peur pour pouvoir chasser.
– Yao n'a plus peur des bruits inquiétants car il les reconnaît.

Je donne mon avis

– De qui Yao a-t-il encore peur ?
– Et toi, de quoi as-tu peur ?

…aux mots

Je relis

la façon	ils se balancent	dominer	les bêtes féroces
la force	chasser	s'entraîner	c'est inquiétant
sa main	il craint	il serrait	les singes malicieux
la brousse	il a décidé		

J'observe et je lis

le cinéma le rhinocéros la leçon ici l'océan Pacifique la France
il récite une lance du citron un lionceau
il est déçu agaçant ça une balançoire
le commerçant berçant la leçon
couci-couça un hameçon François

la force le coffre

le garçon
ce ci ça
ce ci ça

une balance

Je raconte une histoire où le héros a peur.

La vieille Maïri

Yao a peur de Maïri, une vieille femme du village qui vit seule dans sa case. On dit qu'elle a des pouvoirs de sorcière et qu'elle jette des sorts. Si un enfant essaie de l'approcher, elle le regarde de ses yeux minuscules et terribles. On dit qu'elle en a transformé un en belette.
Un soir, Yao a très mal à la tête : il est sûrement malade. Avec les autres garçons du village, il a joué trop longtemps au ballon sous un soleil brûlant.
Ses parents sont soucieux, ils appellent Maïri. Terrifié, Yao serre la main de son père.

Du texte…

Je lis et je vérifie : vrai ? faux ?

– Maïri est une vieille femme qui vit dans une maison pleine de belettes.
– Yao a peur de Maïri parce que c'est une terrible sorcière.
– Comme Yao est malade, ses parents appellent Maïri.
– Yao adore jouer avec ses amis, même quand le soleil est très brûlant.

Je donne mon avis

– Pourquoi les parents de Yao appellent-ils Maïri ?
– Pourquoi Yao serre-t-il la main de son père ?
– Que va faire Yao ?

…aux mots

Je relis

la case	elle jette	il est terrifié	la vieille femme
une femme	il essaie	elle a transformé	des yeux terribles
une belette	approcher		sûrement
des sorts	il serre		

erre esse
ette elle
erre esse
ette elle

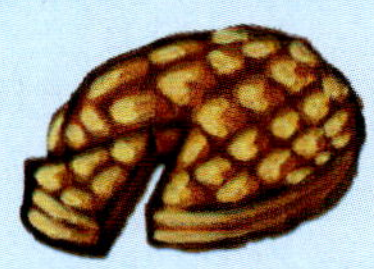

une galette

J'observe et je lis

une raquette la maîtresse la poubelle la terre
des tresses la pelle le verre la maquette
la braguette la ciboulette la kermesse la pierre

Je raconte comment sont dessinées les sorcières des livres que je connais.

La peur de Yao

Yao voudrait supplier ses parents :
« Non ! Arrêtez ! N'appelez pas Maïri ! La prochaine fois, je serai prudent ! C'est promis ! »
Mais ce serait avouer qu'il a peur, et alors… adieu la brousse !
Yao sait qu'il doit, au contraire, surmonter sa crainte. Pour cela il tente de se rassurer : « Pourquoi Maïri me ferait-elle du mal ? Et puis, transformer un garçon en animal, ça n'existe que dans les contes pour enfants ! »
C'est alors que Maïri entre dans la case et pose à terre son petit panier d'osier. Yao retient sa respiration, serre les dents, mais ne dit rien.

Du texte…

Je lis et je vérifie : vrai ? faux ?

– Yao voudrait supplier ses parents, mais il ne veut pas montrer qu'il a peur.
– Yao peut dire adieu à la frousse s'il avoue qu'il a peur.
– Il essaie de se rassurer, serre les dents et ne dit rien.
– Yao se montre courageux, car il essaie de surmonter sa crainte.
– Pour lui faire du mal, Maïri va transformer Yao en animal.

Je donne mon avis

– Maïri va-t-elle vraiment lui faire du mal ?
– Yao est-il courageux ?
– Qu'y a-t-il dans le panier de Maïri ?

…aux mots

Je relis

la crainte	vous appelez	rassurer
en osier	arrêtez !	supplier
un panier	avouer	il retient
	surmonter	transformer

J'observe et je lis

chez assez le nez regardez assez janvier
le tablier le cahier des souliers le saladier
manger passer raconter jouer sauter

le grenier — le ver de terre

le panier

er ez
er ez

le nez

Je raconte ce que je fais pour me rassurer quand j'ai peur.

Le pouvoir de guérir

À sa grande surprise, rien ne se passe quand Maïri pose sur son front les plantes fraîches sorties de son panier. Bien au contraire, son mal de tête cesse : Maïri l'a bien soigné et Yao, rassuré, s'endort calmement.
Il comprend que Maïri ne lui fera jamais de mal : elle a gagné sa confiance. Maintenant, quand il la voit, il ne s'enfuit plus.
Parfois même, il l'accompagne en brousse. Là, elle lui désigne les plantes qui guérissent.
Et même s'il faut aller les chercher en pleine nuit, Yao n'a plus peur de rien !

Du texte…

Je lis et je vérifie : vrai ? faux ?

– C'est l'histoire d'un garçon, Yao, qui essaie de dominer ses peurs. Il s'est montré courageux, car il a laissé Maïri le soigner avec des cachets et du sirop.

– C'est l'histoire de Yao, un petit garçon qui apprend petit à petit à être courageux. À la fin, il n'a plus peur de rien. Il peut même chercher des plantes en pleine nuit.

Je donne mon avis

– Maïri est-elle vraiment une sorcière ?

– Pourquoi Yao n'a-t-il plus peur de rien ?

…aux mots

Je relis

les plantes	elle désigne	il l'accompagne	calmement
la confiance	elle a gagné	des plantes guérissent	
le contraire	elle l'a soigné	les plantes sorties	
la surprise	elle pose	les plantes fraîches	

J'observe et je lis

la montagne un agneau un chignon un peigne
cogner peignoir un pignon un signal il est mignon
la campagne un magnétophone un pagne
un compagnon

la campagne un gnou

gn
gn

un champignon

Je cherche dans les livres quels sont les personnages qui font peur. Je les décris.

Je comprends et j'utilise la langue

Un **petit** garçon — Un homme **inquiet**

Une **petite** fille — Une femme **inquiète**

Au début, Yao avait peur. **Puis** il s'est habitué aux bruits et, **maintenant**, il n'est plus inquiet.

Au début, je ne le connaissais pas. **Puis** nous avons joué ensemble et, **maintenant**, nous sommes amis.

Avoir **peur** de son ombre.

Avoir une **peur** bleue.

Mourir de **peur**.

Elle vit dans une **case**.

Il place un pion par **case**.

a il accompagne, appelez, approcher, arrêtez, avouer

b ils se balancent, une belette, la brousse

c calmement, la case, chasser, sa confiance, au contraire, il craint, la crainte

d décidé, elle désigne, dominer

e s'entraîner, il essaie

f la façon, une femme, féroces, la force, fraîches

g gagné, elles guérissent

i inquiétant

j elle jette

m sa main, malicieux

o en osier

p un panier, les plantes, elle pose

r rassurer, il retient

s s'entraîner, il serrait, il serre, soigné, sorties des sorts, supplier, sûrement, surmonter la surprise

t terribles, terrifié, transformé, transformer

v vieille

caser
une case
un casier

Les personnages qui font peur

Qui suis-je ?

Au bout de mon nez crochu, trois poils tout noirs se dressent sur une grosse verrue. Deux dents cariées dépassent de ma bouche tordue qui marmonne sans arrêt : « Abracadabri ! Abracadabra ! ». Dans mes fioles, la bave de crapaud se mélange aux cervelles de sauterelles et à la purée de hannetons : ça donne les cheveux verts à ceux qui en avalent. Mon balai file à toute vitesse…

1

2

3

4

LIVRE OUVERT

Dimanche 16 avril. Il est vingt heures, dimanche dernier, lorsqu'au moment de se coucher, Catherine entend de drôles de cris. Elle se penche alors à la fenêtre et découvre sur la plus haute branche d'un arbre secoué par le vent, un tout petit chaton gris. Catherine fait alors preuve d'intelligence : elle appelle aussitôt les pompiers qui arrivent sans tarder. Grâce à leur grande échelle, ils grimpent sur l'arbre, et, après plusieurs essais, ils réussissent à récupérer le jeune animal presque mort de peur et de froid.

Sous le regard attendri des passants, Catherine semblait ravie de serrer enfin dans ses bras le chaton qu'elle a adopté et qu'elle a appelé Hatoula. Aux dernières nouvelles, Hatoula se porte très bien.

Mais comment un si petit animal a-t-il fait pour grimper si haut ? Le mystère reste entier.

Allison Levo *Envoyée spéciale*

SAVEZ-VOUS QU'ILS EXISTENT ?

UNE PEUR BLEUE

Joëlle, debout sur un tabouret, hurle.

Joëlle : Au secours ! Jamila ! Au secours ! Viens vite !

Jamila affolée, ouvre la porte violemment.

Jamila : Que se passe-t-il ? Tu es toute pâle…

Joëlle : Je l'ai vue, Jamila ! Je l'ai vue ! Elle est affreuse.

Jamila : Mais qui ?

Joëlle : La bête ! Noire, laide, et avec du poil sur les pattes !

Jamila : Ha ! Ha ! La peureuse. Où est-elle, cette énorme bête ?

Joëlle : Elle se cache là-bas, dans le coin !

Jamila s'approche de l'endroit et découvre l'araignée.

Jamila : Oh ! Quelle horreur ! Va-t-en, sale bête !

Jamila court rejoindre Joëlle sur le tabouret. Toutes les deux hurlent ensemble.

Jamila et Joëlle : Au secours ! Au secours !

Chloé, la petite sœur, arrive, les observe, et éclate de rire. Elle prend l'araignée dans ses mains.

Chloé : Ha ! Ha ! Ha ! Quel bruit pour une petite bestiole que papa a trouvée. On voulait vous faire une surprise. On l'appellera Maïtika !

Joëlle, *qui descend du tabouret* : C'est vrai qu'elle est mignonne. Il ne faut pas avoir peur comme ça, Jamila, c'est toi qui l'as dit !

Le monstre et le nounours

Angela ne veut pas de nounours,
elle préfère les monstres.
Mais quand le monstre lui fera peur,
son nounours ne va-t-il pas lui manquer ?

Auteur : David Mc Kee *Illustrateur :* David Mc Kee *Éditeur :* Kaléidoscope

Les trois sorcières

Magali a peur des trois sorcières.
Un jour, elle doit aller les voir.
Vont-elles lui jeter un sort ?

Auteur : Marie-Hélène Delval
Illustratrice : Colette Camil
Éditeur : Bayard

Cauchemars cherchent bon lit

Dormir avec un loup, un ogre,
une sorcière, ce n'est pas facile.
Martin en aura-t-il le courage ?

Auteur : Gérard Franquin
Illustrateur : Gérard Franquin
Éditeur : Milan

Le diable et le paysan

Il était une fois, un paysan qui avait recueilli trois jeunes orphelins, mais qui s'en occupait très mal. Il les faisait travailler très durement du matin au soir. Levés tôt, couchés tard, obligés de s'acquitter des travaux de ferme les plus pénibles, ces enfants n'avaient qu'un moment de repos au cours duquel ils pouvaient se parler : la traite des vaches. Là, au chaud dans l'étable, les trois garçons rêvaient et parfois se plaignaient de la dure vie que le méchant maître leur faisait subir.

Un jour, le plus âgé et le plus rusé d'entre eux eut une idée : « Nous allons nous venger et faire peur à notre maître ». Il proposa alors à l'un de ses camarades de le rejoindre la nuit. Montant sur les épaules de son compagnon d'infortune, il se recouvrit d'un grand drap noir et s'approcha de la chambre du maître, déjà plongé dans un profond sommeil :

« Réveille-toi, brigand, sacripant, dit le jeune garçon d'une forte voix.

– Mais, mais, que se passe-t-il, bredouilla le paysan terrifié, tremblant dans son pyjama trop grand. Qu'ai-je fait ?
– Tu le sais bien, voyou, féroce bandit, moins que rien !
– Bon, bon, je le reconnais. Je suis trop gourmand et très fainéant…
– N'as-tu rien oublié, vaurien, misérable coquin ? interrogea le diable. Et ces pauvres enfants que tu fais travailler du matin au soir, ces braves petits que tu nourris si mal… Alors ?
– Alors, c'est un peu vrai…
– C'est vrai ou c'est faux ? minable froussard. Reconnais tes fautes !
– C'est vrai, c'est vrai. Je reconnais. Je ne recommencerai plus, foi de paysan. »
Le diable s'éloigna alors, tout en grondant dans un terrible bruit de tonnerre. Le paysan était terrorisé. Ses genoux s'entrechoquaient dans son pyjama trop grand. Pendant ce temps, au milieu des casseroles – fort utiles pour imiter le tonnerre –, les trois enfants riaient du bon tour qu'ils venaient de jouer à ce terrible maître qui ne leur faisait plus peur.

Le lendemain, tôt levé, le paysan travailla dans les champs, puis à la ferme. Au matin, sur la table de la cuisine, les enfants trouvèrent un copieux déjeuner dont ils se régalèrent avidement. Le soir, de retour de l'étable, le paysan, d'une voix douce, dit :
« Dorénavant, vous jouerez et vous m'aiderez de temps en temps car seul un adulte fort et courageux comme moi peut cultiver dans les champs ».
Les garçons échangèrent un regard malicieux. Ils avaient compris ce qui avait si rapidement transformé leur méchant maître en paysan courageux.

Comptines et poèmes

Des pas dans le couloir

J'entends des pas dans le couloir
Je devrais peut-être aller voir…
J'ai un peu peur
Est-ce un voleur ?
Un bandit, un malappris ?
Un brigand, un chenapan ?
Un filou, un voyou ?
Un vaurien, un martien ?

Non, ce n'était qu'un chat
Qui passait par là !

Corinne Albaut, *Comptines pour jouer à avoir peur,* Actes Sud Junior.

J'étais perdue

J'étais perdue dans la ville
entre les façades noires
et les boutiques bariolées,
j'étais perdue parmi la foule.
J'avais perdu mon nom
et le chemin de ma maison.

C'est en suivant un pigeon
puis un couple de pinsons
qu'au détour des violettes
et du bleu des arbres
j'ai retrouvé mon nom
et le chemin de ma maison.

Luce Guilbaud, *in La ville des poètes,* anthologie de Jacques Charpentreau, Le Livre de Poche Jeunesse, Hachette Jeunesse.

Du côté des artistes

Du côté des artistes

Misfit, Thomas Grünfeld.

5

À cheval, Django !

La dispute

Dans la cour de l'école, des enfants se disputent. Davido s'approche et voit que c'est son copain Harold qui s'en prend à Django, un nouvel élève arrivé le matin même.

« Toi, le nouveau, tu ne joues pas avec nous ! Tu ne sais ni lire, ni écrire, ni même peindre ! Ton cartable est vide ! Allez, va-t-en ! Djing ! Djang ! Django ! Quel drôle de nom ! Django… la cloche ! » dit Harold d'un ton vainqueur.

Django, sans se plaindre, regarde Harold, puis met les mains dans ses poches et va dans un coin de la cour. Il joue tristement avec un petit cheval de bois quand Davido s'approche de lui.

Du texte…

Je lis et je vérifie : vrai ? faux ?

– Django vient d'arriver à l'école. Son cartable est vide.
– Harold se moque de lui et de son prénom.
– Django est triste, parce que Davido est en colère contre lui.
– Django se dispute avec Harold qui lui a pris son petit cheval en plastique.

Je donne mon avis

– Pourquoi Harold se moque-t-il de Django ?
– Pourquoi Django met-il les mains dans ses poches ?
– Que va faire Davido ?

…aux mots

Je relis

le coin
son copain
le vainqueur

la cloche
le cartable
en bois
le nouveau

ils se disputent
peindre
plaindre

tristement

J'observe et je lis

du pain demain maintenant la faim le train
teindre la peinture les freins plein Alain
une ceinture

un Toulousain — une Toulousaine
le pain — la peine

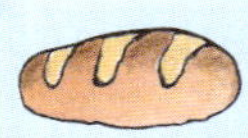 le pain

ain ain
ein ein

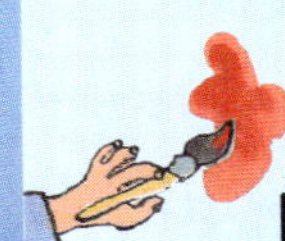 peindre

Je raconte ce que je fais quand un autre enfant est triste.

Un ami pour Django

– Ne sois pas triste ! Avec Harold, c'est toujours pareil mais il n'est pas méchant, dit Davido gêné.

– Oh ! Tu sais, on se moque souvent de moi, murmure Django les yeux brillants, car je vis dans une caravane. Mes parents ne travaillent pas longtemps au même endroit. On va de ville en ville, et partout, on se méfie de nous.

– Dans des caravanes ?! s'exclame Davido émerveillé.

– Ça t'étonne ? Eh bien, viens chez nous demain, tu verras. Pour mon anniversaire, nous ferons la fête. J'aurai peut-être un merveilleux petit cheval pour mes huit ans !

– Un cheval, pour toi tout seul ? Davido n'en croit pas ses oreilles.

Du texte…

Je lis et je vérifie : vrai ? faux ?

– Django vit avec ses parents dans une caravane et va de ville en ville.
– Ses parents vivent dans une caravane, alors les gens se méfient d'eux.
– Django dit qu'il aura un petit âne tout blanc pour son anniversaire.
– Davido a du mal à croire que Django dit la vérité.

Je donne mon avis

– Crois-tu que Django aura un vrai cheval pour son anniversaire ?
– Aimerais-tu vivre dans une caravane ?

…aux mots

Je relis

ses oreilles	ils travaillent	les yeux brillants
la ville	il est gêné	c'est merveilleux
l'endroit	il est émerveillé	c'est pareil
des caravanes		

J'observe et je lis

des billes des quilles une jonquille
de la paille le travail un éventail
il fouille ça rouille des nouilles
le soleil une oreille la merveille

la fille la ville

un éventail

ail  ail
aille aille

eil eil
eille 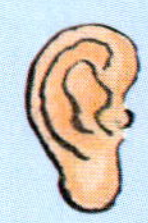 eille

une oreille

Je raconte une histoire où des enfants font du mal à un autre enfant ou à un animal.

Un mauvais coup

Les deux amis promettent de se revoir le lendemain. Mais, caché derrière un arbre, Harold les a guettés. Il interroge Davido qui lui raconte tout. Alors Harold se met en colère.

« Un cheval ? Quel menteur ! Je suis sûr que c'est faux ! Tu vas voir, on va lui faire une belle surprise nous aussi ! »

Davido est terrifié, et regrette de lui avoir tout raconté.

Le lendemain, il voit Harold et sa bande s'approcher du campement de Django, serrant des pierres dans les mains. Ils veulent casser les vitres des caravanes. Davido essaie de leur parler, mais personne ne l'écoute.

Du texte…

Je lis et je vérifie : vrai ? faux ?

– Harold est sûr que Django est un menteur.
– Davido est terrifié, car Harold veut casser les vitres des caravanes.
– Harold a envie d'offrir un cheval à Django pour son anniversaire.
– Davido est d'accord avec Harold. Il ira, lui aussi, briser les vitres.

Je donne mon avis

– Pourquoi Harold pense-t-il que Django est un menteur ?
– Que penses-tu de ce que veulent faire Harold et sa bande ?

…aux mots

Je relis

des pierres	il les a guettés	ils promettent	c'est faux	loin
quel menteur !	il interroge	il essaie		
la bande	il regrette	serrant		
les vitres	se revoir			

J'observe et je lis

le foin   le groin   moins   la pointure   moindre
le shampoing   le besoin   le coin   loin   le poing
le soin   coincer   le lointain

le soin   la pivoine

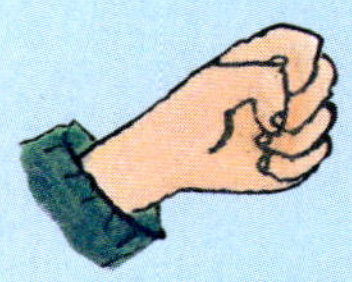

Je connais une histoire où un enfant, un animal, est différent des autres. Je raconte.

Tous réunis

Soudain, tous les yeux fixent un petit cheval blanc, superbe.
– Il est extraordinaire ce cheval ! s'extasie Harold.
Django, lui, est très heureux. Il a exactement le cheval dont il rêvait.
Oubliant sa rancune, il propose à Harold de s'exercer à le monter.
– Oh ! Oui, c'est génial ! s'exclame Harold qui fait également ses excuses à Django.
– Ce jour merveilleux me fait tout oublier ! dit en souriant Django.
Les deux garçons se serrent alors la main, les guitares se mettent à jouer.
La fête va commencer.

Du texte…

Je lis et je vérifie : vrai ? faux ?

– C'est l'histoire d'un enfant qui vient d'arriver à l'école, mais il ne vit pas tout à fait comme les autres. Une bande de garçons essaie de lui faire du mal. Seul Davido devient son ami.

– C'est l'histoire d'un enfant qui vit dans une caravane et qui espère avoir un petit cheval pour son anniversaire. Les autres enfants, sauf Davido, le frappent avec des pierres.

Je donne mon avis

– Pourquoi Harold n'a-t-il pas jeté ses pierres ?

– Pourquoi Django propose-t-il à Harold de monter sur son cheval ?

– Qu'aurais-tu fait à la place de Django ?

…aux mots

Je relis

des excuses
la rancune

s'exercer
il s'extasie
ils le fixent

superbe

exactement
également

J'observe et je lis

un taxi à l'extérieur exactement la boxe toxique expliquer
l'excursion l'exception excellent l'examen
il exagère l'explorateur l'excuse exotique

fixer   deux six

X x 𝓍

un taxi

Un nouveau arrive en classe. Je dis ce que je peux faire pour qu'il se sente heureux.

Je comprends et j'utilise la langue

La main   **Un** jeu

Les mains   **Des** jeux

Les enfants se disputent dans la cour.

Ils se disputent dans la cour.

Des pierres tombent sur les vitres.

Elles tombent sur les vitres.

Respecter la nature.

Manquer de **respect** à quelqu'un.

Se faire **respecter**

La **cour** de l'école.

Le vêtement est **court**

Tu **cours** vite.

b la bande, en bois, brillants

c la caravane, le cartable, la cloche, le coin, le copain

d ils se disputent

e également, émerveillé, l'endroit, il essaie, exactement, des excuses, s'exercer, il s'extasie

f faux, ils fixent

g guettés, gêné

i il interroge

l loin

m quel menteur, merveilleux

n le nouveau

o ses oreilles

p pareil, peindre, des pierres, plaindre, ils promettent

r la rancune, il regrette, se revoir

s serrant, superbe

t ils travaillent, tristement

v le vainqueur, la ville, les vitres

un voyage
un voyageur
voyager

une merveille
merveilleux
émerveillé

Vivre ensemble

Qu'en penses-tu ?

1) Qui devrait être assis ? Pourquoi ? Qui est mal assis ?

2) Que doit faire la petite fille qui mange, de ses déchêts ?

3) Le jeune garçon peut-il fumer ?

Règles de vie

1. On peut courir dans la cour, mais on ne doit pas bousculer ses camarades.
2. On peut se déplacer en classe, mais on ne doit pas déranger ceux qui travaillent.
3. On peut emprunter un livre à la B.C.D, mais on ne doit pas l'abîmer.
4. On peut être malicieux et drôle, mais on ne doit pas se moquer des autres.
5. On peut parler en classe, mais on doit demander la parole.
6. On peut donner son avis, mais on doit entendre celui des autres.
7. On peut adorer les gâteaux, mais on doit savoir partager.
8. On peut parfois arriver en retard, mais on doit s'en excuser.

Et dans ton école, quelles sont les règles de vie ?

« TU EXAGÈRES »

Léo : Nadège, tu vas voir mon nouveau jeu. On va bien rigoler !

Nadège : Vas-y, raconte !

Léo : Regarde, voilà Nicole qui arrive. *(Dès que Nicole passe près d'eux, Léo crie :)* Nicole la folle !

Léo éclate de rire.

Nadège : Oh ! Tu exagères !

Léo : Voilà Odile. Bonjour Odile, dents de crocodile !

Nadège : Oh ! Tu exagères !

Léo : Mais non ! C'est rigolo !

Nadège : Mais ce n'est pas très gentil pour elles !

Léo : Ce n'est pas grave, on s'amuse ! Regarde, voilà Isabelle qui arrive. Salut Isabelle, la poubelle !

Nadège : Oh ! Léo ! Tu exagères !

Léo : Mais non ! Ne t'inquiète pas ! Regarde Marianne, tête d'âne !

Nadège : Oh ! Tu exagères ! On ne se moque pas bêtement des amis. C'est idiot ! Alors, adieu Léo, grand nigaud !

Léo : Oh ! tu exagères !

Alice sourit

Alice rit, chante, se promène, fait des bêtises. Est-elle si différente des autres enfants ?

Auteur : Jeanne Willis
Illustrateur : Tony Ross
Éditeur : Hachette Jeunesse

Noire comme le café, blanc comme la lune

Nana n'a pas la même couleur que son papa. Et si on jouait à changer de tête ? lui propose son papa.

Auteur : Pili Mandelbaum
Illustrateur : Pili Mandelbaum *Éditeur :* L'École des loisirs

Six milliards de visages

Sur terre, chaque visage est différent d'un autre visage. Comment sont ces six milliards de visages ?

Auteur : Peter Spier *Illustrateur :* Peter Spier
Éditeur : L'École des loisirs

La clef de la sagesse

Il était une fois, un vieil empereur qui régnait sur un immense royaume. Son pays était jadis fort prospère. Il s'étendait au pied d'une très haute montagne où de magnifiques rivières prenaient leur source. Mais depuis quelques années, l'eau manquait et plus aucune fleur ne poussait. Tout semblait mourir peu à peu, si bien que même les trois princesses Lao Tus, Lao Ping et Lao Tao étaient tombées dans un profond chagrin. Elles ne sortaient plus de leur chambre et ne parlaient plus à personne. Le vieil empereur en était si affecté qu'il lança un appel à tout son peuple, proclamant qu'il ferait prince héritier quiconque permettrait à ses filles de retrouver leur joie de vivre.

Trois prétendants, trois frères, se présentèrent au palais : Tseui Ly, le plus fort, Yang Ly le plus intelligent, et Dian Ly le plus malin. L'empereur les reçut dans la salle du trône en compagnie de son Premier ministre, et leur dit : « Vous me paraissez tous courageux. Laissez-moi vous aider. Voici une clef magique : la clef de la sagesse. Questionnez-la et elle vous répondra. Retenez bien ses recommandations et que la chance vous accompagne ! »

Tseui Ly, l'aîné des trois frères, s'empara de l'objet précieux et lui demanda conseil. La clef de la sagesse lui répondit sans tarder :

« Le livre du grand mandarin nous enseigne de profonds secrets ! Retenez bien ceux-ci, ils vous serviront en cas de danger : “Mieux vaut vivre à l'ombre du juste” ; “Loin du bruit des paroles inutiles il choisit de se taire”, et “Les trois fils qu'il tresse forment une corde solide” ».

Les trois frères n'étaient pas sûrs d'avoir tout compris, mais ils se sentaient confiants. Ils grimpèrent sur leur cheval, et prirent la route qui menait au pays voisin. À peine avaient-il franchi la frontière, qu'ils se trouvèrent face à un géant en colère qui se mit à hurler : « Halte-là ! Pour entrer dans cette contrée, il faut d'abord répondre à deux énigmes. Ensuite, il vous faudra traverser le torrent. Sachez que jusqu'à ce jour, personne n'en est jamais revenu ! Celui qui accomplira cet exploit deviendra le maître de ce territoire, et je lui obéirai sans limite ! »

Après avoir mûrement réfléchi, les trois frères décidèrent d'accepter les épreuves. « De toutes façons, remarqua Dian Ly, avons-nous le choix ? Si nous refusons, ce géant nous réduira en purée ! Vas-y, nous sommes prêts à t'écouter !
– Voici la première énigme, dit le colosse :

Je suis ton amie fidèle qui ne te quitte jamais et, même quand je traîne à tes pieds, tu ne peux m'écraser. Qui suis-je ?

Les trois frères cherchèrent durant un long moment sans succès. Tout à coup, Dian Ly comprit l'un des secrets de la clef de la sagesse et s'écria : « J'ai trouvé ! J'ai trouvé ! Il s'agit de notre ombre ! Elle est toujours là, devant ou derrière nous, mais on ne peut jamais marcher sur elle !
– Bravo ! s'écria le géant admiratif. Je dois reconnaître que tu es fort ! Comment as-tu trouvé ?
– C'est mon secret ! répondit Dian Ly, mystérieux.
– Soit, mais ce n'est pas fini, ajouta l'énorme titan. Voici la deuxième énigme :

Tu as souvent besoin de moi, mais il te suffit de prononcer mon nom pour me briser et me perdre. Qui suis-je ?

Les trois frères cherchèrent à nouveau durant un long moment. Soudain, Yang Ly comprit à son tour le second secret que la clef de la sagesse leur avait confié, et s'écria : « J'ai trouvé ! J'ai trouvé ! Il s'agit du silence ! Il suffit de dire ce mot et le silence est brisé !
– Bravo ! s'écria le géant de plus en plus admiratif. Comment as-tu trouvé ?
– C'est mon secret ! répondit cette fois Yang Ly, aussi mystérieux que son frère.
– Soit, mais ce n'est pas fini ! ajouta le géant. Il vous faut maintenant traverser le torrent et ce n'est pas une mince affaire ! Allez-y ! »
Les trois frères courageux se dirigèrent vers le cours d'eau déchaîné pour le franchir. C'est alors que Tseui Ly se souvint du conseil qu'il avait reçu de la clef de la sagesse et il dit à ses frères : « Traversons ensemble ! Tenons-nous serrés l'un à l'autre, nous n'en serons que plus forts, et le torrent ne pourra rien contre nous ! »

Après de nombreux efforts, Tseui Ly, Yang Ly et Dian Ly se retrouvèrent sur l'autre rive du terrible fleuve, en compagnie du géant qui les avait rejoints : « Votre solidarité a fait votre force ! Vous êtes à présent mes maîtres ! Ordonnez et j'obéirai !

– Eh bien, dépose-nous en haut de la montagne, là où naissent les sources », demandèrent-ils à leur nouvel allié qui s'exécuta sans tarder.

En quelques instants, ils se retrouvèrent au sommet du massif. Là, ils remarquèrent que de nombreux troncs d'arbres avaient formé des barrages qui empêchaient les sources de se répandre. Sur leur ordre, le géant retira tout ce qui gênait l'écoulement des eaux. En un clin d'œil, la rivière retrouva son lit et descendit à nouveau vers le village, comme aux plus beaux jours.

Quand les trois frères furent de retour, le vieil empereur les reçut avec tous les honneurs dus aux plus grands princes. Comme promis, chacun reçut la main d'une des trois princesses et régna paisiblement sur sa province.

Tseui Ly, Yang Ly et Dian Ly avaient appris de la clef de la sagesse que leur affection était leur vraie force et leur vraie richesse.

Toi dit l'enfant blanc

Toi dit l'enfant blanc
À l'enfant noir
Tu te fonds
Dans la nuit noire.

Toi dit l'enfant jaune
À l'enfant blanc
Tu te fonds
Dans l'aube blanche.

Toi dit l'enfant rouge
À l'enfant jaune
Tu te fonds
Dans le midi du jour.

Et toi, dit l'enfant noir
À l'enfant rouge
Tu te fonds
Dans le cuivre du couchant.

Mais alors, mais alors
Dirent les quatre enfants
Nous sommes
Les heures vives
De la vie.

Yves Yaneck, D.R.

Si toutes les filles du monde voulaient s'donner la main, tout autour de la mer, elles pourraient faire une ronde.
Si tous les gars du monde voulaient êtr' marins, ils f'raient avec leurs barques un joli pont sur l'onde.
Alors on pourrait faire une ronde autour du monde, si tous les gens du monde voulaient s'donner la main.

Paul Fort, « La ronde autour du monde », *Ballades Françaises, tome 1,* Flammarion.

Du côté des artistes

Tous les hommes…, William Wilson.

Achevé d'imprimer chez Milanostampa en février 2000. Dépot legal: 826-02/2000 - Collection n° 37 - Edition 01 - 11/6148/8